essentials

Essentials liefern aktuelles Wissen in konzentrierter Form. Die Essenz dessen, worauf es als „State-of-the-Art" in der gegenwärtigen Fachdiskussion oder in der Praxis ankommt. Essentials informieren schnell, unkompliziert und verständlich.

- als Einführung in ein aktuelles Thema aus Ihrem Fachgebiet
- als Einstieg in ein für Sie noch unbekanntes Themenfeld
- als Einblick, um zum Thema mitreden zu können.

Die Bücher in elektronischer und gedruckter Form bringen das Expertenwissen von Springer-Fachautoren kompakt zur Darstellung. Sie sind besonders für die Nutzung als eBook auf Tablet-PCs, eBook-Readern und Smartphones geeignet.

Essentials: Wissensbausteine aus Wirtschaft und Gesellschaft, Medizin, Psychologie und Gesundheitsberufen, Technik und Naturwissenschaften. Von renommierten Autoren der Verlagsmarken Springer Gabler, Springer VS, Springer Medizin, Springer Spektrum, Springer Vieweg und Springer Psychologie.

Roland Sturm

Das Schottland-Referendum

Hintergrundinformationen und Einordnung

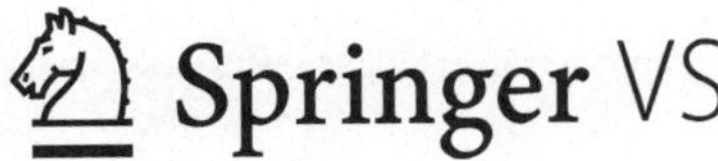

Prof. Dr. Roland Sturm
Friedrich-Alexander-Universität
Erlangen-Nürnberg
Erlangen
Deutschland

FAU/Harald Sippel

ISSN 2197-6708 ISSN 2197-6716 (electronic)
essentials
ISBN 978-3-658-08380-9 ISBN 978-3-658-08381-6 (eBook)
DOI 10.1007/978-3-658-08381-6

Die Deutsche Nationalbibliothek verzeichnet diese Publikation in der Deutschen Nationalbibliografie; detaillierte bibliografische Daten sind im Internet über http://dnb.d-nb.de abrufbar.

Springer VS

Gedruckt auf säurefreiem und chlorfrei gebleichtem Papier

Springer Fachmedien Wiesbaden ist Teil der Fachverlagsgruppe Springer Science+Business Media
(www.springer.com)

Was Sie in diesem Essential finden können

- Den historischen Hintergrund der „schottischen Frage“
- Eine Erläuterung der Ursachen und Folgen der Devolution-Politik
- Eine Einordnung des schottischen Nationalismus in den Kontext sezessionistischer Bewegungen
- Einen Überblick über die Folgen des Referendums für die britische Verfassung und den Parteienwettbewerb in Schottland und im Vereinigten Königreich

Inhaltsverzeichnis

1 Einleitung

Schottland hat sich gegen die Unabhängigkeit vom Vereinigten Königreich ausgesprochen. Am 18. September 2014 fand nach einem intensiv geführten Wahlkampf ein Referendum statt, das die Gegner einer Trennung vom Vereinigten Königreich deutlicher als erwartet gewannen. Das Referendum hat nicht nur Schottland aufgewühlt. Die Beteiligung an der Abstimmung erreichte hier ein Rekordniveau für Wahlen. Die britische Regierung, aber auch Vertreter der Landesteile außerhalb Londons und die Spitzen aller Parteien, reagierten auf die Unabhängigkeitsdebatte in Schottland mit großem politischem Aufwand. Die emotionale Bindung Schottlands an das Vereinigte Königreich wurde ebenso beschworen wie die ökonomischen Vorteile der Union. Das Unabhängigkeitsreferendum wurde zudem aufmerksam in jenen europäischen Regionen verfolgt, die selbst nach mehr Autonomie oder staatlicher Unabhängigkeit streben, allen voran Katalonien in Spanien.

Das Schottland-Referendum war mehr als ein lokales Ereignis. Weltweit wurden Befürchtungen geäußert, ein „Ja" zur schottischen Unabhängigkeit würde Großbritannien in eine Krise stürzen. Aber auch das „Nein" zur schottischen Unabhängigkeit hat weitreichende Folgen. Die Separatisten in anderen Ländern ermutigt die Möglichkeit eines Unabhängigkeitsreferendums, es den Schotten gleich zu tun, auch wenn die Autonomiebewegungen in anderen Ländern das Ergebnis des Schottland-Referendums bedauern. Schottlands Eigenständigkeit soll nach dem Referendum deutlich gestärkt werden – das haben alle Parteien im Westminster Parlament versprochen. Damit stellt sich für das Vereinigte Königreich die Verfassungsfrage neu und hinsichtlich der staatsrechtlichen Architektur des Landes sehr grundsätzlich. Was geschieht, wenn Schottland als einziger Landesteil weiter privilegiert wird? Wie reagieren die anderen Regionen des Vereinigten Königreichs?

R. Sturm, *Das Schottland-Referendum,* essentials,
DOI 10.1007/978-3-658-08381-6_1

Wie sollen die Versprechen größerer schottischer Autonomie konkret eingelöst werden? Welche Rolle spielt England als größter Landesteil in Zukunft? Wäre der Föderalismus eine verfassungspolitische Option für den britischen Viernationenstaat? Das sind nur einige der Fragen, die sich stellen und auf die die britische Regierung umgehend Antworten versprochen hat.

Die Politik in Schottland hat sich mit dem Referendum grundsätzlich verändert. Die schottische Unabhängigkeit hat sich von einem Randthema zu einem seriösen Thema der schottischen Politik entwickelt. Die Kluft zwischen dem britischen und dem schottischen Parteiensystem ist größer geworden. In Schottland agierende gesamtbritische Parteien sind herausgefordert, ihren schottischen Parteiorganisationen Spielraum zu geben, auch zur Distanzierung von der Mutterpartei, damit diese ihre schottischen Credentials zeigen und bewahren können. Tun sie dies nicht, droht deren Schwächung im schottischen Parteienwettbewerb und in einem Parlament, das mehr entscheiden kann als jeder deutsche Landtag.

2 Woher kommt der Wunsch nach größerer Selbstbestimmung für Schottland?

Zur Beantwortung dieser Frage ist es wichtig, zwischen der Autonomie der schottischen Gesellschaft und dem politischen Projekt einer eigenen schottischen Staatlichkeit zu unterscheiden. Die Autonomie der schottischen Gesellschaft hat historische Wurzeln und wurde im Vereinigten Königreich nie in Frage gestellt. Sie basiert auf der Art und Weise wie das Vereinigte Königreich entstand – weitgehend nicht durch Zwang, sondern durch Vertrag. Schon 1603 wurde Schottland mit England und Irland durch einen dynastischen Zufall vereinigt. Mit dem Tode Königin Elisabeth I starb die Linie der Tudors aus, und der Stuart König Jakob VI von Schottland übernahm den Thron in London als Jakob I (*Union of the Crowns*). Dieser dynastische Zufall hatte keine besonderen Folgen für die Eigenständigkeit der schottischen Gesellschaft. 1707 verabschiedeten die Parlamente in Edinburgh und London Gesetze, um durch die Vereinigung beider Parlamente, eine Union beider Länder zu schaffen (*Union of Parliaments*). Schottland war wegen eines fehlgeschlagenen kolonialen Abenteuers in Panama (Gründung einer Kolonie „*Caledonia*") und dem damit gescheiterten Versuch, Welthandelsnation zu werden, Ende des 17. Jahrhunderts finanziell erschöpft. Die Einsicht wuchs, dass sich wirtschaftliche Interessen besser mit als gegen England verwirklichen ließen. England bot die Union mit Schottland den Vorteil, dass Schottland in Zukunft keinen Anspruch mehr auf die englische Krone erheben konnte. Auch wenn umstritten ist, wie beliebt die Entscheidung in Schottland war und wieviel Geld an wen floss, um diese Entscheidung zu erleichtern (Marr 1992, S. 18 f.), bleibt festzuhalten, dass die Parlamentsunion für Schottland keine völlige Anpassung des Landes an die Vor-

R. Sturm, *Das Schottland-Referendum,* essentials,
DOI 10.1007/978-3-658-08381-6_2

gaben einer englischen Vorherrschaft bedeutete. Schottland wurde in wichtigen gesellschaftlichen Bereichen weiterhin Autonomie zugesichert. Der *Treaty of Union* von 1707 garantiert unter anderem:

- Die Unabhängigkeit der schottischen Nationalkirche (*Church of Scotland, Kirk*), die im Unterschied zur anglikanischen Staatskirche Englands (*Church of England*) presbyterianisch ist. Sie war stärker im Volk verwurzelt als das Parlament und garantierte durch die gleichberechtigten Einflussmöglichkeiten der Laien in den Kirchenversammlungen eine Art permanentes demokratisches Forum.
- Die Eigenständigkeit des schottischen Rechts, das im Unterschied zum englischen Recht nicht auf Präzedenzfällen (*case law*), sondern der Systematik des römischen Rechts beruht. Die schottischen Gerichte blieben gegenüber den englischen autonom und folgen anderen Prozessordnungen. Richter begriffen sich häufig als Vertreter des nationalen Interesses. Der *Lord Advocate*, der oberste Justizbeamte Schottlands, vertrat nach 1746 die schottischen Interessen bei Parlamentsdebatten, z. B. über den Ausbau der Staatstätigkeit, bis 1885 das Amt des Schottlandministers in der Londoner Regierung (wieder) eingeführt wurde.
- Die Eigenständigkeit des schottischen Bildungswesens, die mit der Zeit aber eher administrativer als inhaltlicher Natur wurde. Eingriffe der Londoner Zentralregierung in Curricula der Schulen, in erster Linie die Regierung Margaret Thatcher nahm für sich diese Kompetenz in Anspruch, wurden dennoch auch noch im 20. Jahrhundert als „Übergriffe" interpretiert.

Zu diesen offensichtlichen Spezifika der schottischen Gesellschaft gesellt sich die Tatsache, dass in Schottland durch die dortige, Schottland zentrierte Medienlandschaft ein spezifisch schottischer Kommunikationsraum erhalten blieb. Das Schottischsein wurde zudem erlebbar und populär vermittelt durch Schottenrock (*kilt*), Clanfarben (*tartan*), Whisky-Kultur, schottische Regimenter oder eigene schottische Banknoten, auch wenn dieses Schottentum sich weniger historischen Wurzeln als populärkulturellen Konstrukten des 19. Jahrhunderts verdankt. Kurz gesagt: die gesellschaftliche Autonomie Schottlands war nie bedroht, auch wenn einige extreme Anhänger des britischen Empire die Schotten gerne zu Nordbriten gemacht hätten.

Der Wunsch nach einer, über die unumstrittene gesellschaftliche Autonomie Schottlands hinausreichende Eigenständigkeit ist schon immer ein politischer, verbunden teilweise mit wirtschaftlichen Argumenten. Gesellschaftliche Autonomie und die Reduktion schottischer Interessenvertretung auf das Unpolitische sind kein

Widerspruch. Es ist durchaus möglich, sich gleichzeitig als Schotte und als Brite zu fühlen. Schon seit den 1970er Jahren belegen allerdings Umfragen, dass für zwei Drittel der schottischen Gesellschaft die Identifikation mit Schottland gegenüber derjenigen mit dem Vereinigten Königreich einen höheren Stellenwert besitzt. Hier verbarg sich das Potential zur nationalistischen Mobilisierung, die aber eines Auslösers bedurfte. Zum „politischen Unternehmer", der die politische Mobilisierung orchestrierte, entwickelte sich die 1934 gegründete *Scottish National Party* (SNP). Gegenstand der politischen Mobilisierung war in den 1970er Jahren der Ölreichtum Schottlands und in den 1990er Jahren zunehmend die Abneigung gegen die Fremdbestimmung Schottlands durch von der Konservativen Partei gestellte Londoner Regierungen.

Die Vorstellung, dass der Wohlfahrtsstaat eine zivilisatorische Errungenschaft sei, die es auszubauen gilt, ist ein weiteres Spezifikum der schottischen Gesellschaft. Bemühungen von Regierungen der Konservativen Partei, die Rolle des Staates in Wirtschaft und Gesellschaft zurückzudrängen, kollidierten deshalb mit dem schottischen Selbstverständnis und verschafften der Kritik der SNP an der Londoner Vorherrschaft Plausibilität. Wahlerfolge der SNP veranlassten britische Regierungen, Kompromisse zu suchen, um Schottlands Autonomie zu stärken. Der Weg, um das schottische Drängen nach Selbstregierung in das Verfassungsgefüge des Vereinigten Königreichs einzufügen, war und ist die Devolution-Politik. Diese ist durchaus janusköpfig. Vom Londoner Zentrum wird sie als Entgegenkommen interpretiert, um den schottischen Nationalismus zu befrieden. Schottische Nationalisten sehen aber in der Devolution-Politik nur den ersten Schritt zu ihrem eigentlichen Ziel, dem der nationalen Unabhängigkeit.

3 Devolution: eine Strategie stößt an ihre Grenzen

Für das Vereinigte Königreich ist das Gewähren politischer Rechte für Regionen des Landes mit einer verfassungsrechtlichen Schwierigkeit verbunden. Anders als in Kontinentaleuropa gilt in Großbritannien, einem Land ohne geschriebene und vom Volke direkt oder indirekt bestätigte Verfassung, die Parlamentssouveränität als einzige legitime Quelle politischen Handelns. Damit steht fest, dass es auch nur einen Ort für die politische Letztentscheidung geben kann: Das Westminster Parlament. Politische Macht ist im Vereinigten Königreich, wie in Einheitsstaaten auf dem Kontinent, nicht teilbar. Dennoch verlangt der schottische Drang nach Selbstbestimmung eine politische Regionalisierung des Landes. Auf den ersten Blick schließt dies den Föderalismus aus, der ja auf der Souveränität seiner Gliedstaaten beruht und sich auf eine Balance von „self rule" und „shared rule", von Autonomie und Machtteilung, einlässt. Im Rahmen der Parlamentssouveränität lässt sich die Macht des Zentrums nicht teilweise auf andere Parlamente in den Regionen übertragen. Sie lässt sich aber in unterschiedlichem Grade delegieren. Das Zentrum bleibt die Quelle politischer Autorität. Mit der Übertragung von Ausführungsrechten auf regionale Institutionen kann London diese delegierten Befugnisse flexibel der Qualität der regionalen Herausforderung anpassen. Die Zentralregierung kann übertragene Befugnisse jederzeit wieder vollständig zurückholen, und sie kann die Delegation von Aufgaben an regionale Institutionen auch vollständig rückgängig machen. In der Logik der Aufgabendelegation, also von Devolution, liegt es auch, dass die Kompetenzkompetenz, also die Fähigkeit, Staatsaufgaben zu definieren und zuzuweisen, ebenso in der alleinigen Verantwortung des Westminster Parlaments liegt wie die Allzuständigkeit, also die Zuständigkeit für die Staatsaufgaben, auch wenn diese neu entstehen und/oder noch nirgends durch Gesetz geregelt sind.

R. Sturm, *Das Schottland-Referendum,* essentials,
DOI 10.1007/978-3-658-08381-6_3

Zugewiesen werden im Devolution-Modell auch die Haushalte, die mit der Delegation von Ausgaben einhergehen. Das Londoner Finanz-und Wirtschaftsministerium (*Treasury*) entscheidet alleine über die Finanzausstattung regionaler Regierungen und Parlamente. Die Finanzierung der schottischen Politik erfolgt ebenso wie die der walisischen und nordirischen nach der sogenannten Barnett-Formel, einem zentralstaatlich festgelegten Zuweisungsschlüssel. Sie wird bezogen auf einen Anteil bestimmter Ausgaben für einzelne Politikfelder in England berechnet, wobei die Bevölkerungsanteile im UK (bzw. deren Veränderung) berücksichtigt werden. Die Formel ist nach Joel Barnett benannt, 1974 bis 1979 Minister für Finanzen in der Treasury in den Labour-Kabinetten Harold Wilson und James Callaghan. Die Barnett-Formel wurde 1978 festgelegt, zu einer Zeit also als die erste heftige Diskussion um eine Devolution-Regelung die Tagesordnung der britischen Politik dominierte. Um die keltischen Randnationen zu besänftigen, wurden diese damals bevorzugt behandelt und erhielten zum Ärger englischer Politiker höhere pro-Kopf-Zahlungen als England, unabhängig von einer Bedarfserhebung. Die Formel sollte so wirken, dass sich auf mittlere Sicht die pro-Kopf-Zahlungen für alle Territorien des Vereinigten Königreichs angleichen (Bell und Christie 2007). Der Unmut über „Barnett" hat unterschiedliche Facetten. In England bezieht er sich darauf, dass sich die Konvergenz der Finanzzuweisungen für die vier nationalen Einheiten des UK in der Praxis nicht einstellt. In den Devolution-Gebieten werden die Zuweisungen als nicht ausreichend kritisiert. Dies erklärt sich insbesondere daraus, dass die Barnett-Formel sich nicht auf alle Finanzzuweisungen Londons an die keltischen Nationen bezieht, sondern nur auf solche, die mit einer der Aufgabenwahrnehmung in England vergleichbaren Staatstätigkeit verbunden sind. Zur Finanzierung der Devolution-Gebiete sind aber auch spezifische Aufgabenfinanzierungen durch London und ad hoc-Zuweisungen aus dem UK-Haushalt hinzuzurechnen. Damit ist die Konvergenz des englischen und des nichtenglischen Zuweisungsniveaus nicht ohne einen zusätzlichen politischen Willensakt möglich, vor dem die Londoner Regierung bisher zurückschreckte, um Konflikte zwischen den Devolution-Gebieten und der Zentralregierung zu vermeiden.

Es ist offensichtlich, dass nationale Bewegungen mit dem Prinzip der Delegation gleich welchen Umfanges Probleme haben müssen. Für sie ist die Nation der Bezugspunkt, und damit verdienen auch Entscheidungen nationaler Institutionen automatisch Anerkennung. Nationale Institutionen, wie das Parlament in Edinburgh (*Holyrood*), werden als Ausdruck schottischer Souveränität verstanden, für die Nationalisten kämpfen. Beharrt London auf seinem Letztentscheidungsrecht und setzt die Zentralregierung Devolution als taktisches Instrument ein, um dem nationalistischen Protest den Wind aus den Segeln zu nehmen, ist dies für die schottischen Nationalisten nur ein weiteres Indiz für die Missachtung des Selbstbestimmungsrechts des schottischen Volkes.

Devolution kann in drei Varianten umgesetzt werden:

- Administrative Devolution. Hier werden nur Verwaltungsaufgaben delegiert. Die administrative Devolution ist für Schottland seit 1885 relevant. Die 1885 erreichte Wiedereinsetzung eines Schottland-Ministers an der Spitze des „Scottish Office" mag zu Beginn nur eine Verbeugung vor der Schottlandnostalgie des 19. Jahrhunderts, die auch Queen Victoria teilte, gewesen sein und/oder eine Geste an die Adresse der Schotten. In Schottland hatte zwar die irische *Home Rule*-Bewegung (Autonomiebewegung) im Rahmen der Forderung „Home Rule All Around" Anhänger gefunden, die Home Rule auch für Schottland forderten. Die schottische Bewegung blieb aber gewaltlos und politisch weitgehend unbedeutend. Es erwies sich jedoch recht bald, dass mit einem Querschnittsministerium für schottische Angelegenheiten in der britischen Regierung ein Erinnerungsposten für nicht eingelöste Autonomiewünsche Schottlands geschaffen worden war.

  Der Schottlandminister, wollte er seine Aufgaben nicht völlig verfehlen, musste nicht nur die aus juristischen Gründen (unterschiedliche Rechtssysteme in Schottland und dem Rest-UK) noch immer erforderliche eigene schottische Version der britischen Gesetzgebung vorbereiten und als Überbringer von Nachrichten des Londoner Zentrums in Schottland agieren. Er musste sich auch als Interessenvertreter Schottlands im Regierungszentrum verstehen. Hierfür wuchsen ihm, nicht zuletzt getragen von einem stetig wachsenden schottischen Selbstbewusstsein, im Laufe der Jahrzehnte immer mehr Kompetenzen zu. 1926 erhielt das Amt des Schottlandministers Kabinettsrang, also Zugang zum inneren Entscheidungszirkel um den Premierminister. 1937 wurden seine Bezüge denen der anderen Kabinettsminister gleich gestellt, was das Amt des Schottlandministers weiter aufwertete. 1940 eröffnete das Scottish Office, das Ressort des Schottlandministers, sein Hauptquartier in der schottischen Hauptstadt Edinburgh (neben dem verbleibenden Londoner Standort). Der Schottlandminister verbrachte nun regelmäßig einen Teil seiner Arbeitszeit in London und einen weiteren Teil in „seinem" Landesteil. Mitte der 1970er Jahre arbeiteten schon von den ca. 10.000 Beamten des Scottish Office weniger als 100 in London (Ross 1978, S. 5).

  Für konservative Regierungen war die Stärkung des „Scottish" Office der Königsweg, um den Forderungen aus Schottland, nach mehr Autonomie entgegenzukommen. Sie sahen im Scottish Office eine Regierung vor Ort und in dem Ausbau der administrativen Devolution sowie der Verlagerung der Verantwortung für die Ausführung von Gesetzen von London nach Edinburgh zum einen die Möglichkeit, Konflikte mit der Parlamentssouveränität zu vermeiden, welche weitergehende Devolution-Reformen provozieren würden, und zum anderen schottischen Wünschen nach größerer Anerkennung schottischer Eigenständigkeit entgegenzukommen. Das 1885 gegründete Scottish Office beendete seine Tätigkeit nach weitergehenden Devolution-Reformen 1999. Es wurde von dem mit deutlich reduzierten Aufgaben ausgestatten Scotland Office abgelöst.

- Exekutive Devolution. Hier wird die Kompetenz zur Gesetzesumsetzung an eine gewählte Versammlung delegiert. Diese hat das Recht, im Rahmen der Gesetzgebung des Westminster Parlaments ohne Rücksprache mit London eigenständige Schwerpunkte zu setzen und Gesetze eigenständig zu interpretieren. Dieses Modell wurde 1999 bis 2011 in Wales praktiziert. In Schottland spielte es als Modell nie eine Rolle. Allerdings ist nach der Einsetzung eines schottischen Parlaments in Schottlands dieses nicht in allen Politikbereichen alleine verantwortlich. Wo die britische Zentralregierung mitspricht bzw. entscheidet, kann die schottische Regierung auch in die Rolle der Gesetzesumsetzung kommen.
- Legislative Devolution. Hier erhält ein Regionalparlament in genau abgegrenzten Bereichen das Recht zur alleinigen Gesetzgebung. Aus Sicht der Londoner Regierung kann ein solches Parlament staatsrechtlich nicht auf der gleichen Stufe stehen wie das mit Parlamentssouveränität ausgestattete Westminster Parlament, weshalb auch neue Bezeichnungen z. B. für das Amt des Regierungschefs, die Regierung und das Amt des Parlamentspräsidenten gefunden wurden (*First Minister* in Edinburgh; *Prime Minister* in London; *Scottish Executive*, bis zur Änderung in *Government* durch die SNP 2007 in Edinburgh; *Government* in London; *Presiding Officer* in Edinburgh; *Speaker* in London für den Parlamentspräsidenten). Die Wahlen zu den parlamentarischen Vertretungen in Schottland und Wales finden bezeichnenderweise zusammen mit Kommunalwahlen statt, was deren – aus Londoner Sicht – minderem Status entspricht.

Das Kalkül, durch die begrenzte Delegation von Kompetenzen an eine zweitrangige parlamentarische Vertretung, Autonomiebestrebungen zu befrieden und gleichzeitig die Vorherrschaft des Londoner Parlaments zu wahren, konnte aber nicht aufgehen. Der schottischen Bevölkerung war nicht plausibel zu machen, dass ihre Parlamentswahl eigentlich gar keine ernst zu meinende ist und dass ihr Parlament sich auf bestimmte Materien beschränken soll. Der Ruf nach mehr Kompetenzen, ebenso wie der Ruf nach mehr Autonomie ist, wie die Kritiker der Devolution-Politik immer wieder gewarnt haben, im Modell der legislativen Devolution geradezu angelegt. Sie ist eine „schiefe Ebene“ mit einer Neigung zum Pol der Selbstregierung, die das Vereinigte Königreich auseinandertreibt, nicht aber zusammenbringt. Da die konkrete Ausgestaltung der Devolution-Politik nicht aus dem regionalen Willensbildungsprozess entspringt, sondern aus zentralstaatlichen Überlegungen zur Integration regionalistischer Störpotentiale hervorgeht, besteht immer die Gefahr, dass die Zentralregierung diese Potentiale über- oder unterschätzt und Kompetenzen delegiert, die den Bürgern und Bürgerinnen vor Ort inadäquat erscheinen. Letztendlich stellt Devolution in der politischen Praxis auch die Doktrin der Parlamentssouveränität in Frage, weil gewählte Parlamente in anderen Landesteilen dort als Ausdruck von Volkssouveränität gesehen werden. Stabilität könnte unter diesen Umständen eine geschriebene Verfassung, basierend auf dem Gedanken der Volkssouveränität, für alle Landesteile erzeugen, was aber eine föderale Struktur dieser Verfassung impliziert.

Legislative Devolution wurde Schottland zuerst in den 1970er Jahren angeboten. Als bei den Parlamentswahlen im Februar 1974 die SNP 21,9 % der Stimmen in Schottland gewann und als diese im Oktober 1974 in Schottland 30,4 % der Stimmen erreichte (wegen der unklaren Mehrheitsverhältnisse im Unterhaus wurde 1974 zweimal gewählt), war der regierenden Labour Party klar, dass sie eine Strategie brauchte, die den politischen Druck der Nationalisten auf ihre schottische Hochburg auffangen kann und gleichzeitig einen plausiblen Gegenentwurf zu Unabhängigkeitsforderungen darstellt. Devolution war nie eine Forderung der SNP, auch wenn sie aus heutiger Sicht von dieser Verfassungsreform am meisten profitiert hat. Dieses erste Devolution-Projekt scheiterte für Schottland. Die Konservativen lehnten das Projekt ab, auch die Labour Party war gespalten. Bei einem Referendum zu den Gesetzesvorschlägen der Labour Regierung am 1. März 1979 sprach sich eine Mehrheit von 51,6 % der Abstimmenden für die legislative Devolution aus. Dies reichte aber nicht, um das von Labour Devolution-Gegnern im Gesetzgebungsprozess willkürlich gesetzte und auch willkürlich hoch gesetzte Quorum von 40 % der wahlberechtigten Schotten zu erreichen. Die SNP unterstützte darauf hin sogar die von Margaret Thatcher geführte Konservative Partei bei einem Misstrauensantrag gegen die Labour Regierung, der zu deren Sturz führte. Margaret Thatcher gewann die Wahlen. Für sie war damit das Devolution-Experiment für alle Zeiten beendet. In ihren Memoiren ist zu lesen: „Hatte ich mich auch öffentlich nicht für ein Nein ausgesprochen, so war doch dies das Ergebnis, das ich wollte. […]. Die Devolution war tot; beweint habe ich sie nicht“ (Thatcher 1995, S. 504 f.). Gerade Margaret Thatchers extreme Ignoranz gegenüber schottischen Interessen und politischen Präferenzen war es aber, die dazu führte, dass das Thema Devolution nach dem Ende der Konservativen Regierungen 1997 politisch wiederbelebt werden konnte.

Die Forderung nach Devolution war Teil des Wahlprogramms der Labour Party von 1997, die damit auf den gesellschaftlichen Druck reagierte, der sich in Schottland aufgebaut hatte. Die 1989 gegründete Scottish Constitutional Convention (SCC), ein Zusammenschluss aller wichtigen gesellschaftlichen Organisationen und Parteien in Schottland (mit Ausnahme der Konservativen Partei und der SNP, die sich zurückzog, weil die Option „Unabhängigkeit" nicht diskutiert werden sollte), forderte legislative Devolution für Schottland. Am 30. November 1995, dem Tag des Nationalheiligen St. Andrews, veröffentlichte die SCC ihre Vorschläge für ein schottisches Parlament in dem Dokument „Scotland's Parliament, Scotland's Right". Die 1997 neu ins Amt gewählte Labour Party, geführt von Tony Blair, entschied sich dafür, nicht wie in den 1970er Jahren zunächst ein Parlamentsgesetz zu erarbeiten, sondern sofort ein Referendum anzusetzen. 74,3 % der Abstimmenden befürworteten die Einrichtung eines schottischen Parlaments; 63,5 % stimmten für das Recht des Parlaments auf begrenzte Kompetenzen zur Modifikation des Einkommensteuersatzes bei einer Wahlbeteiligung von 60,2 %. Für *New Labour* war die legislative Devolution, neben ihrem wahltaktischen Aspekt auch von Interesse als Ansatz, um gesellschaftliche Partizipation in der Politik zu vertiefen und damit das Land zu modernisieren.

In der Labour-Hochburg Schottland konnte die Labour Regierung dem gesellschaftlichen Wunsch nach politischer Autonomie schlecht ablehnend entgegentreten. Die Devolution-Gesetzgebung fiel für Schottland großzügig und eher untypisch aus. Der *Scotland Act* von 1998 zählt nicht, wie zu erwarten gewesen wäre, jene Bereiche der Gesetzgebung auf, die durch die legislative Devolution auf das schottische Parlament übertragen werden, sondern diejenigen, die sich das Westminster Parlament vorbehält. Damit verzichtet Westminster auf die Allzuständigkeit. Allerdings betont der *Scotland Act* den Vorrang der Parlamentssouveränität vor der schottischen Gesetzgebung. Dies erlaubt dem Westminster Parlament weiterhin auch in denjenigen Politikfeldern tätig zu sein, die per Gesetz dem schottischen Parlament übertragen wurden. Interessenkonflikte, die sich aus dieser „doppelten" Zuständigkeit ergeben können, wurden pragmatisch gelöst. Nach der *Sewel* Konvention (benannt nach Lord Sewel, der diese Lösung in seiner Funktion als Staatssekretär im Schottlandministerium im Oberhaus vorschlug), wird bei einem Eingriff der Zentralregierung in delegierte Kompetenzen die Einwilligung des schottischen Parlaments erfragt. Strategisch sollte mit der Devolution-Politik gesichert werden, dass Unabhängigkeitsforderungen keine Chance haben. Das Instrument hierfür sollte das Wahlsystem sein. Das Wählen nach dem traditionellen britischen Wahlsystem bot die potentielle Gefahr, dass Labour seine Mehrheitsposition bei dem Verlust einer ausreichenden Zahl von Wahlkreisen im schottischen Parlament verlieren könnte. Nur der Stimmstärkste gewinnt den Wahlkreis. Wenn aber, wie in Schottland, vier oder eventuell noch mehr Parteien in einem Wahlkreis konkurrieren, genügt oft schon ein Stimmenanteil von 20 bis 30 % in einem Wahlkreis, um diesen zu gewinnen. Die von der Labour Party initiierte Devolution-Gesetzgebung entschied sich deshalb für ein Wahlsystem, von dem die Partei erwartete, es würde dauerhaft Labour-Regierungen oder von der Labour Party geführte Koalitionen mit den Liberaldemokraten produzieren. Das Additional Member System (AMS) kombiniert Wahlkreiskandidaturen mit Kandidaturen auf Parteilisten, wobei das Wahlresultat durch die Korrekturfunktion der Listenwahl insgesamt das Stimmenverhältnis aller Parteien in Schottland widerspiegeln soll. Labours gesellschaftliche Dominanz sollte nach diesem Kalkül ausreichen, um die Partei dauerhaft zur Regierungspartei zu machen.

Der Weg zum Unabhängigkeitsreferendum öffnete sich nicht zuletzt deshalb, weil dieses Kalkül nicht aufging, wozu die Performanz und v. a. die Skandale der Labour Regierungen in Schottland entscheidend beitrugen. Seit 2007 regierte die Scottish National Party erfolgreich als Minderheitsregierung in Schottland. 2011 errang die SNP die absolute Mehrheit. Das aus Sicht der Labour Party Unmögliche war möglich geworden und der zu verhindernde „worst case" trat ein. Die SNP forderte ein Referendum über die Frage der schottischen Unabhängigkeit.

Nach dem Nein zur schottischen Unabhängigkeit steht die legislative Devolution erneut im Mittelpunkt der Debatten zur Zukunft Schottlands. Bereits 2012 wurde der *Scotland Act* reformiert. Schottland erhält 2016 zusätzliche Kompetenzen, vor allem im Bereich Steuern. Die Möglichkeit, den Einkommensteuersatz zu variieren wurde von drei auf zehn Prozent ausgedehnt. Hinzu kommen Kompetenzen für einige marginale Steuerarten. Übertragen wurden auch Regelungsbefugnisse für Drogen, Waffen und Führerscheine. Schottland erhält das Recht, sich bis auf 2,2 Mrd. Pfund jährlich zu verschulden. Diese neuen Kompetenzen ergänzen die bisherigen Kompetenzen des schottischen Parlaments für die Felder Gesundheit, Sozialarbeit, Bildung und Ausbildung, Kommunales, Wohnungspolitik, Justiz und Polizei, Landwirtschaft, Forsten und Fischerei, sowie Umweltpolitik, Tourismus, Sport, Denkmalpflege, wirtschaftliche Entwicklung und Verkehr.

Die Parteiführungen der Konservativen Partei, der Labour Party und der Liberaldemokraten haben Schottland bei einem Nein beim Unabhängigkeitsreferendum sofortige Initiativen zur Ausweitung der Kompetenzen des schottischen Parlaments versprochen. Der schottische Geschäftsmann Lord Smith of Kelvin wurde beauftragt, den Prozess zu begleiten, so dass es noch vor den Parlamentswahlen 2015 zu einer entsprechenden Gesetzgebung kommt. Das würde ein Gesetzespaket im Januar 2015 bedeuten und dessen zügige Verabschiedung. Dieser Zeitplan ist unrealistisch, weil die Westminster-Parteien sich über die erforderlichen Änderungen des Scotland Acts nicht einig sind und weil die Legislaturperiode des Parlaments bereits am 30. März 2015 endet, um Neuwahlen zum Westminster Parlament im Mai zu ermöglichen.

Die versprochene Kompetenzausweitung für Schottland soll in den Bereichen Steuern, Haushalt und Soziales stattfinden, wobei in Details noch keine Einigkeit unter den im Unterhaus vertretenen Parteien besteht. Zu klären ist auch, wie Finanzautonomie und Barnett-Formel zusammenpassen. Sollten die Zuweisungen nach Barnett für Schottland gekürzt werden? Muss die Barnett-Formel abgeschafft werden? Will London Edinburgh zwingen, die Finanzautonomie auch wahrzunehmen, so dass die schottische Regierung eventuell für unpopuläre Maßnahmen wie höhere Steuern oder Kürzungen im Sozialen die Verantwortung übernehmen muss? Erlaubt der Grad der Steuerautonomie, der Schottland gewährt wird, eine „irische" Strategie, also das Anlocken von Unternehmen durch niedrige Steuersätze? Die designierte neue Vorsitzende der SNP Nichola Sturgeon hat angekündigt, dass die SNP ihr Unabhängigkeitsprojekt im Augenblick in die zweite Reihe ihrer politischen Präferenzen verbannen wird und nun die unionistischen Parteien beim Wort nimmt, um Schottland weitere Rechte zu verschaffen.

- Devo(lution).max(imum). Legislative devolution entwickelt sich nach dem Unabhängigkeitsreferendum also perspektivisch in die größtmögliche Autonomie für Schottland, also eine Art *Home Rule*, bei der alleine die schottische Regierung für den Großteil der inneren Angelegenheiten Schottlands zuständig ist – aus Sicht der SNP ein weiterer Zwischenschritt zur Unabhängigkeit. David Cameron, der britische Premierminister, hat sich bei den Verhandlungen zur Änderung des Scotland Acts, die erst ein schottisches Unabhängigkeitsreferendum ermöglichten, verkalkuliert. Cameron beharrte darauf, dass den Abstimmenden auf dem Wahlzettel nur zwei Alternativen angeboten werden dürften: Ja oder Nein zur schottischen Unabhängigkeit. Er sah darin zwei Vorteile: Erstens zeigten die damaligen Umfragen nur eine geringe Begeisterung der Schotten für die Unabhängigkeit. Zweitens war damit die dritte Option der Devo. max. ausgeschlossen. Schottland sollten nach der Reform des Scotland Acts 2012 nicht noch weitere Befugnisse übertragen werden. Devo.max. war jedoch für die meisten Schotten die naheliegendste Forderung. Seit 1999 äußerten ca. 25 bis 30 % bei Umfragen Sympathien für die schottische Unabhängigkeit, über 50 % der Befragten bevorzugten vor der Kampagne zum Unabhängigkeitsreferendum Devo.max (McCrone 2012, S. 74). Hätte David Cameron sich darauf eingelassen, im Scotland Act weitere Politikfelder bzw. Details zu Politikfeldern zu nennen für eine dritte Option devo.max. auf dem Stimmzettel beim Referendum, wäre nie das Kopf-an-Kopf Rennen von Unabhängigkeitsgegnern und –befürwortern in der Öffentlichkeit entstanden. Als bei einer Umfrage kurz vor dem Referendum die Unabhängigkeitsbefürworter sogar die Oberhand hatten, brach bei den Parteien im Westminster-Parlament Panik aus. Nicht nur reisten ihre Vertreter immer wieder nach Schottland, sie brachten auch Versprechungen mit, einschließlich der gemeinsamen Selbstverpflichtung, die Ablehnung der Unabhängigkeitsoption mit einer deutlichen Ausweitung der legislativen Devolution zu belohnen. Premierminister Cameron musste also doch geben, was er durch den Ausschluss der Option devo.max. auf dem Wahlzettel eigentlich verhindern wollte, nun aber unter weit ungünstigeren Umständen und nach einer Referendumskampagne, die Schottland spaltete und die politischen Aussichten seiner Partei in Schottland in keinerlei Beziehung verbesserte.

4 Nationalisten versus Unionisten – die neue Logik des schottischen Parteiensystems

Schottlands Parteiensystem unterscheidet sich nicht erst seit dem Beginn der Devolution-Phase wesentlich von demjenigen Englands. In England konkurrierten lange zwei große Parteien, die Konservative Partei und die Labour Party, um die politische Vorherrschaft. Mitte der 1960er Jahre begann der allmähliche Aufstieg von Kleinparteien, vor allem der Liberalen (später Liberaldemokraten). England ist inzwischen eine Hochburg der Konservativen Partei geworden mit wenigen Labour Hochburgen im Norden des Landes und in der Londoner Innenstadt. Will Labour die Konservative Partei in England schlagen, muss sie selbst weniger traditionell sozialdemokratisch und stärker wirtschaftsfreundlich auftreten. Dies ist – wie Tony Blairs Transformation der Partei in eine New Labour Formation zeigte – prinzipiell möglich (Ganesh 2014, S. 11), entspricht aber weder der Tradition der Labour Party noch den Präferenzen ihrer Geldgeber, der Gewerkschaften. Labour wird in England auch dadurch tendenziell schwächer, dass im Norden Englands, wo die Partei besonders stark ist, die Zahl der Wahlkreise abnimmt, weil die Menschen auf der Suche nach Arbeit in den Süden und die Mitte Englands ziehen. Wahlkreise sollen ungefähr gleiche Bevölkerungszahlen repräsentieren. Im Süden und der Mitte Englands müssen wegen des Zuzugs neue Wahlkreise entstehen, im Norden bleiben weniger. Hätten die Befürworter der Unabhängigkeit Schottlands das Referendum gewonnen, wäre der Konservativen Partei auf absehbare Zeit die Stellung als Regierungspartei im Rest-UK sicher gewesen. Eigentlich hätte David Cameron deshalb aus parteipolitischen Gründen die Abspaltung der Labour Hochburg Schottland begrüßen müssen, wie er auch selbst einräumte. Er fügte allerdings wahlkämpferisch hinzu, es würde ihm das Herz brechen, wenn die erfolgreiche britische Union auseinanderfallen würde (Financial Times, 16.9. 2014,

R. Sturm, *Das Schottland-Referendum,* essentials,
DOI 10.1007/978-3-658-08381-6_4

Tab. 4.1 Wahlergebnisse der SNP in Schottland seit 1970 bei Wahlen zum Westminster Parlament und zum schottischen Parlament (SP) in %. (Quelle: „The British General Elections" Buchreihe des Nuffield College, Oxford)

Jahr	Ergebnis	Jahr	Ergebnis
1970	11,4	1992	21,5
1974 (Febr.)	21,9	1997/SP 1999	22,1/SP 29
1974 (Okt.)	30,4	2001/SP 2003	20,1/SP 24
1979	17,3	2005/SP 2007	17,6/SP 33
1983	11,8	2010/SP 2011	19,9/SP 45
1987	14,1		

S. 4). In Schottland ist die Konservative Partei seit den Thatcher-Jahren kaum noch bei Wahlen zum Westminster-Parlament erfolgreich. Hier werden inzwischen Extreme erreicht. 1997 gewann die Konservative Partei keinen einzigen Parlamentssitz; bei den Wahlen 2001 bis 2010 einen. Die Partei hat weniger Sitze als der Zoo in Edinburgh Panda Bären hat (zwei), wie von den Unabhängigkeitsbefürwortern gewitzelt wurde.

Das schottische Parteiensystem ist heute auch in den Augen der Wählerinnen und Wähler abgekoppelt von dem britischen. Dies zeigt sich daran, dass das Wahlverhalten bei den Wahlen zum schottischen Parlament sich wesentlich vom Wahlverhalten bei den Wahlen zum Westminster Parlament unterscheidet. Besonders deutlich abzulesen ist dies an den Wahlergebnissen für die SNP (Tab. 4.1). Während die Partei bei gesamtbritischen Wahlen in den letzten Jahren ca. 20 % der Stimmen erreichen konnte, lag ihr Stimmenanteil bei schottischen Parlamentswahlen deutlich darüber und erreichte 2010 45 %. Dies ist Ausdruck einer gewachsenen Bedeutung schottischer Identität gegenüber der britischen (Leith 2010).

In Schottland sind die beiden großen Parteien die Labour Party und die SNP, daneben gibt es eine Reihe kleinerer Parteien, zu denen die Liberaldemokraten und die Konservativen gehören. Wichtiger noch als diese Zahlenverhältnisse ist der inhaltliche Kontext des schottischen Parteienwettbewerbs. Mit der Devolution-Politik wurde es in Schottland möglich, in parlamentarischen Auseinandersetzungen und in der Öffentlichkeit zwischen schottischen Interessen und den Interessen Londons zu unterscheiden. Keine der in Schottland antretenden gesamtbritischen Parteien kann sich mehr dem Zwang entziehen, eine Begründung im Interesse Schottlands zu finden, wenn sie ihre Politik in Schottland formuliert. Diese neue Diskursebene bringt die SNP in eine privilegierte Lage, weil sie sich am besten als Schottland-bezogene Partei präsentieren kann, auch ohne das Störfeuer, das aus Entscheidungen im Westminster-Parlament entsteht. Der SNP ist es gelungen, in der Öffentlichkeit die Unterscheidung zwischen der schottischen Partei (SNP) und den „unionistischen Parteien" (Labour, Konservative und Liberaldemokraten) zu etablieren. Dies spielte im Referendumswahlkampf durchaus eine Rolle, zumal die unionistischen Parteien z. T. auch gemeinsam auftraten, um ein Nein zur Unabhängigkeit Schottlands zu unterstützen. Die SNP porträtierte die gesamtbritischen Parteien als quasi Außenseiter, als „Team Westminster", das sich in schottische Angelegenheiten einmischt.

Das Thema Fremdherrschaft wurde noch prononcierter mit Blick auf die Konservative Partei instrumentalisiert. Die schottische politische Kultur ist – anders als die englische – sehr deutlich an der Wertschätzung des Wohlfahrtsstaats, an Umverteilung und Gleichheit orientiert. Gerne sieht man sich hier in einer Reihe mit den skandinavischen Nachbarländern. Der Abbau des Wohlfahrtsstaates in Schottland wird als Ergebnis konservativer politischer Mehrheiten in England verstanden. Schottland, wo die Konservativen zu Zeiten Margaret Thatchers, John Majors oder David Camerons nie eine parlamentarische Mehrheit hatten, habe eine Politik zu erleiden gehabt, die eine große Mehrheit der Schotten nie wollte. So führte Margaret Thatcher ihre umstrittene Gemeindesteuerreform (*poll tax*), die letztendlich dazu beitrug, dass sie ihr Amt verlor, versuchsweise erst und nur in Schottland ein. Kern der Reform war, die Gemeindesteuern nicht mehr nach Immobilienbesitz sondern pro Kopf zu erheben. Der Diener im Herrenhaus bezahlte also die gleichen Steuern wie der Großgrundbesitzer. Die Verweigerung der Steuerzahlung, an der sich zehn bis fünfzehn Prozent der Schotten beteiligten, wurde zudem mit dem Entzug des Wahlrechts bestraft (Butler et al. 1994). In jüngster Zeit umstritten war die sogenannte „bedroom tax", die auch in der Unabhängigkeitskampagne eine große Rolle spielte. Sozialhilfeempfängern werden Leistungen gekürzt, wenn sie in einer Wohnung leben, die für sie zu groß ist (gemessen an der Zahl der Schlafzimmer).

Solche Beispiele konservativer Politik boten der SNP im Kontext der Unabhängigkeitsdebatte Wahlkampfmunition. Die SNP ist eine sozialdemokratische Partei, die eine wichtige politische Aufgabe für sich in Schottland in der Abmilderung des Sozialabbaus durch London sieht. Anders als in England gibt es beispielsweise in Schottland keine Studiengebühren; eine Reihe von Leistungen, die im englischen Gesundheitsdienst bezahlt werden müssen, sind in Schottland frei. Die schottische Unabhängigkeit wurde von ihren Befürwortern gedanklich mit einem Ausbau des Sozialstaats verbunden. Ein wichtiges Argument für die Unabhängigkeitsbefürworter war deshalb, dass die Unabhängigkeit für alle Zeiten das Ende konservativer Vorherrschaft bedeuten würde. „No more Tory governments – ever" war der beliebteste Slogan der Ja-Kampagne.

5 Die Referendumskampagne – nationale Mobilisierung und schweigende Mehrheit

Am 15. Oktober 2012 unterzeichneten die Regierungen des Vereinigten Königreichs und Schottlands in Edinburgh ein Übereinkommen über ein Referendum zur Frage der Unabhängigkeit Schottlands. Auf dem Verordnungsweg ermöglichte die britische Regierung eine Veränderung des Scotland Act (Schedule 5). Schedule 5 erlaubte nun, dass das Abhalten eines Referendums über die schottische Unabhängigkeit in die Kompetenz des schottischen Parlaments übergeht, wenn drei Bedingungen erfüllt sind:

- Der Tag des Referendums darf nicht für ein weiteres Referendum genutzt werden.
- Das Referendum muss bis spätestens 31. Dezember 2014 abgehalten werden.
- Es darf nur einen Wahlzettel geben, und die gestellte Frage darf den Abstimmenden lediglich zwei Alternativen anbieten.

Damit war ohne einen größeren Konflikt ein Kompromiss zwischen der der SNP angehörenden Mehrheit des schottischen Parlaments und Downing Street 10 gefunden. Das Referendum wurde möglich, was die schottische Seite wollte, und die Abstimmung lief auf ein Ja oder Nein zur Unabhängigkeit hinaus, worauf London Wert legte in der festen Überzeugung, dass bei dieser Alternative das „Nein" siegen werde. Zu Beginn schien dies auch nach Umfragewerten mehr als wahrscheinlich. Bis Mitte/Ende August lag die demoskopisch ermittelte Absage an die Unabhängigkeit mehr als 20 Prozentpunkte (60:40) vor der Zustimmung zur Unabhängigkeit.

R. Sturm, *Das Schottland-Referendum,* essentials,
DOI 10.1007/978-3-658-08381-6_5

Der Referendumswahlkampf begann mit einem evidenzbasierten Schlagabtausch. Das Für und Wider zur Unabhängigkeit wurde nicht nur von der Politik vertreten, sondern auch von Experten, die sich mit spezifischen Argumenten der Unabhängigkeitsgegner und –befürworter auseinandersetzten. So veröffentliche die britische Regierung im Rahmen des „*Scotland analysis*"-Programms eine Reihe von Diskussionspapieren zu Fragen der Sezession Schottlands. Die schottische Regierung agierte auf der gleichen Ebene. Sie richtete beispielsweise im März 2012 eine „*Fiscal Commission Working Group*" aus unabhängigen Experten ein, die 2013 ihren ersten Bericht über die technischen Details der wirtschaftlichen Trennung Schottlands vom Rest-UK veröffentlichte. Dieser Bericht bestätigte die ökonomische Überlebensfähigkeit eines unabhängigen Schottland. Im November 2013 veröffentlichte die schottische Regierung das Weißbuch „*Scotland's Future – Your Guide to an Independent Scotland*". Mit dem 564 Seiten starken Werk versuchte die schottische Regierung, alle möglichen offenen Fragen im Zusammenhang mit der schottischen Unabhängigkeit zu beantworten. Sie präsentierte auch einen Zeitplan für die schottische Unabhängigkeit. Kern des Plans war ein Verhandlungsprozess mit dem Rest-UK und der EU, um die Details der Trennung und die Frage der Mitgliedschaft in der EU zu klären. Nach diesem Plan wäre Schottland 2016 unabhängig geworden. In der öffentlichen Kampagne traf die schottische Regierung, die für ein Ja zur Unabhängigkeit („*Yes Scotland*") mobilisierte auf die Nein-Seite, die sich den Slogan „*Better together*" gewählt hatte. An der Spitze der No-Kampagne stand Alisdair Darling, ein aus Schottland stammender ehemaliger Schatzkanzler der Labour Party. Bei dem schlechten Ruf, den die Konservative Partei in Schottland genießt, war ein konservativer Politiker als Führungsperson der Nein-Kampagne von vorneherein ausgeschlossen.

Zunächst hielten sich die Londoner Spitzenpolitiker im Wahlkampf und insbesondere David Cameron weitgehend zurück. Der Ja-Kampagne gelang eine beispiellose Mobilisierung der schottischen Gesellschaft. Kunst und Kultur, weite Teile des Mittelstandes, die Gewerkschaften, Internetaktivisten und viele andere Meinungsführer bekannten sich zu Schottland. Es entstand ein Meinungsdruck zugunsten der Unabhängigkeit. Erklären musste sich in der Öffentlichkeit nicht, wer für die Unabhängigkeit eintrat – immerhin bis vor ein paar Jahren noch eine Position, die in Schottland als nationalistische Schnapsidee galt, – verteidigen mussten sich die Gegner der Unabhängigkeit. In den Umfragen holten die Anhänger der Unabhängigkeit gewaltig auf und lieferten sich am Ende in den Umfragen ein Kopf-an-Kopf Rennen mit deren Gegnern. Die Umfragen irrten aber, weil sie die „schweigende Mehrheit" nicht erfassen konnten.

Der Wahlkampf wurde auf beiden Seiten professionell geführt mit zahlreichen Debatten zu Details der möglichen Unabhängigkeit im schottischen Fernsehen (sowohl BBC Scotland als auch ITV, also Scottish TV). Auf Seiten der Unabhängigkeitsbefürworter engagierte sich vor allem die Stellvertretende schottische Regierungschefin, Nicola Sturgeon, die eine überzeugende Figur machte. Höhepunkt der Fernsehdebatten waren die beiden Duelle der Köpfe der Ja- und der Nein-Kampagne, Alex Salmond und Alisdair Darling. Das erste Duell wurde knapp von Darling gewonnen, der fokussierter wirkte und Salmond vor allem mit der Frage nach der zukünftigen Währung Schottlands in Verlegenheit brachte. Alle hatten einen Sieg Salmonds erwartet, der als der weit geschicktere und lebendigere Debattierer galt. Beim zweiten Durchgang bestätigte sich dies. Salmond war lockerer, schlagfertiger und besser vorbereitet als sein Widerpart. Die fehlende emotionale Durchschlagskraft der Nein-Kampagne sollte ein mit reichlich Show- und Sport Prominenz (von Mick Jagger bis David Beckham) bestückter Versuch, „to love bomb Scotland" ersetzen. In bewegenden Worten wurde in diesen Prominentenappellen ein Loblied Schottlands und der britischen Gemeinsamkeit gesungen.

Kurz vor dem Wahlgang tauchte eine Umfrage auf, die das Lager der Unabhängigkeitsbefürworter erstmals in Front sah. Dies löste eine Panikreaktion in London aus. Die Politiker aller Parteien eilten nach Edinburgh. Einhundert Labour-Abgeordnete wurden in den Zug gesetzt, um zu helfen. Die großen Konzerne, allen voran die Finanzdienstleister wie HSBC, Lloyds, Standard Life oder die Royal Bank of Scotland und die Ölkonzerne Shell und BP drohten mit Abwanderung. Bei einer Besprechung in Downing Street 10, am 8. September 2014, hatte David Cameron diese unmissverständlich dazu aufgefordert, gegen die schottische Unabhängigkeit Stellung zu beziehen. Schottland wurde versprochen, das Land könne auch ohne Unabhängigkeit weitgehende innenpolitische Autonomie erhalten. Der aus Schottland stammende frühere Labour Premierminister Gordon Brown sprach von Home Rule. Sein Einsatz in letzter Minute war entscheidend für den Sieg des No-Lagers (Parker 2014). Er war in seinem Auftreten viel authentischer als Alisdair Darling und vor allem emotionaler. Darling und seiner, z. T. auch parteipolitisch zerstrittenen Kampagne wurde vorgehalten, sie appellierten mit ihren Zahlenwerken zu sehr an den Verstand der Bürgerinnen und Bürger. Wo die Ja-Kampagne Begeisterung wecke, finde sich bei der Nein-Kampagne nur triste Rationalität. Der Economist schrieb am 16. August 2014: „If the ‚no' campaign is a machine, ‚yes' is a carnival."

Die Bedeutung von Rationalität in der Auseinandersetzung sollte aber nicht unterschätzt werden. Bis zum Schluss der Kampagne war von einer Zahl von sieben bis vierzehn Prozent Unentschiedenen die Rede. Für diese Gruppe zählte in der Wahlkabine nicht die Emotion, sondern die Bedenken waren ausschlaggebend bei der Vorstellung, eine relativ bekannte wirtschaftliche Zukunft in eine risikoreiche unbekannte umzutauschen, zumal man ja – wie die unionistischen Parteien beteuerten – alle wirtschaftlichen Vorteile der Unabhängigkeit bekommen konnte, ohne das Vereinigte Königreich zu verlassen. Gina Thomas schrieb in der FAZ (20.9. 2914, S. 11) letztlich habe „der biedere Calvinismus und der Rationalismus der schottischen Aufklärung deutlich über das romantische Jakobiterherz gesiegt. Die schweigende Mehrheit war kein Wunschdenken der Unionisten.“ In der Kampagne hatte das Nein-Lager im Ergebnis erfolgreich alle Register gezogen, musste aber auch die letzten Kräfte mobilisieren: „The unlikely alliance of Mr Brown the Queen and FTSE 100 bosses appeared to stop Mr Salmond's advance a week before polling day.“ (Financial Times 20.9. 2014, S. 2).

Was waren die wichtigsten Themen der Referendumskampagne?

- Die Königin bleibt Staatsoberhaupt in Schottland nach der Unabhängigkeit. Das Königshaus hielt sich, anders als beim Devolution-Referendum 1979, deutlich zurück, auch wenn die königliche Familie in der Schlussphase der Kampagne auf Schloß Balmoral in Schottland wohnte und die Highland Games in traditioneller Tracht Schottlands besuchte. Die Presse stellte es allerdings so dar, dass die Queen über eine Abspaltung Schottlands beunruhigt sei. Staatsrechtlich gebe es allerdings kein Problem, wenn die Königin Staatsoberhaupt in einem unabhängigen Schottland bliebe, wie sie dies auch in Kanada, Australien und vielen anderen Ländern der Welt ist.
- Schottland darf das britische Pfund nicht mehr als eigene Währung benutzen. Die SNP, eine europafreundliche Partei, hatte bis zur Eurokrise den Euro als Währung Schottlands favorisiert. Eher der Stimmung in Schottland folgend war danach das Festhalten am britischen Pfund. Dies schloss der Chef der britischen Zentralbank (Bank of England), der Kanadier Mark Carney, aber kategorisch aus (Financial Times 10.9. 2014, S. 1). Nun ist es keinem Land der Welt zu verbieten, dass es die Währung eines anderen Landes als Zahlungsmittel benutzt. Aber ohne eigene Zentralbank kann ein Land keine Währungspolitik betreiben. Für Alex Salmond war der Zugang zur Bank of England ein Verhandlungsgegenstand. Für ihn war das britische Pfund kein ausschließlich englisches Pfund, sondern auch ein schottisches. Zudem nannte er als Alternativen zum Pfund eine eigene schottische Währung und den Euro. Salmond drohte, dass im Falle der Verweigerung des Rest-UK, Schottland das Pfund als Landeswährung zu belassen, die schottische Regierung bei der Teilung des UK nicht für den Anteil Schottlands an der britischen Staatsschuld aufkommen werde.

- Schottland darf nicht in die EU eintreten. Zunächst ist umstritten, ob Schottland bei einem Austritt aus dem UK auch aus der EU austritt. Wer nicht austritt, muss auch nicht eintreten. Wäre es im Interesse der EU, Schottland hinauszudrängen, und wäre dies möglich? Wenn die deutsche Einheit ein Präzedenzfall ist (hier Eintritt), darf daran erinnert werden, dass die DDR vorher nicht in der EU war und es trotzdem kein Beitrittsverfahren gab. Es geht hier nur vordergründig um eine Frage des Europarechts, sondern schlicht um eine britische Drohung, der Spanien aus innenpolitischen Gründen und die EU-Kommission, um Mitgliedsstaaten der EU zusammenzuhalten, gerne beitraten.
- Schottland ist wirtschaftlich nicht überlebensfähig. Diese Behauptung ist zu pauschal, zumal wenn man die schottische Wirtschaft mit der der Problemländer in der EU vergleicht. Einer der bekanntesten Ökonomen des Vereinigten Königreichs, John Kay, schrieb in der Financial Times (17.9. 2014, S. 7): „Scotland has prospered as part of a United Kingdom and could prosper as an independent country. Which course is more appropriate is a question of identity and values, not economics." Heute liegt Schottland gemessen am BIP pro Kopf auf Platz 23 der internationalen Rangliste der Staaten. Erhielte es 90 % der Öleinkünfte vor seiner Küste würde es Platz 15, den Platz unmittelbar vor Deutschland, einnehmen (Financial Times 15.9. 2014, S. 6).
- Meistens wird die Behauptung, Schottland sei als unabhängiger Staat wirtschaftlich nicht überlebensfähig, mit dem Hinweis verbunden, dass das schottische Öl in absehbarer Zeit zur Neige geht. Die SNP entgegnet, dass Schottlands Wirtschaft mehr zu bieten hat, als Ölvorkommen und den in der Finanzkrise stark ins Wanken geratenen Finanzsektor, dessen Konzerne die finanzielle Anlehnung an London suchen. Schottland habe für seine Ökonomie ohnehin einen überdimensionierten Finanzsektor, dessen Abwanderung nicht unbedingt ein Verlust sein müsse. Die SNP argumentiert auch, dass der Ölreichtum des Landes bisher verschwendet wurde, weil die Londoner Regierung keine Einnahmen für die Zeit nach dem Ölboom zurückgelegt hat. Wie Norwegen wollte die schottische Regierung nach der Unabhängigkeit einen Fonds aus den Öleinnahmen anlegen, mit dem auf Dauer auch das im Vergleich zu England höhere Niveau an Sozialleistungen in Schottland bezahlt werden könnte. Auf die Aussicht, dass Schottland das UK verlassen könnte, hatten die Finanzmärkte ablehnend reagiert. Investitionszurückhaltung und Kapitalflucht waren als Menetekel an die Wand gemalt worden – inwieweit dies ein realistisches Szenarium war, bleibt nach dem Ausgang des Referendums offen.

4,25 Millionen Schotten waren wahlberechtigt. Kriterium für die Wahlberechtigung war u. a. ein Wohnsitz in Schottland. Über eine Million Auslandsschotten

Tab. 5.1 Autonomiereferenden in Schottland (Ergebnisse in %)

Jahr	1979	1997	2014
Wahlbeteiligung	63,7	60,2	84,6[a]
Ja-Stimmen	51,6 (Devolution)	74,3 (Devolution)	44,7 (Unabhängigkeit)

[a] 97 % der Wahlberechtigten haben sich für den Referendumsentscheid registrieren lassen

durften nicht mit abstimmen. Das Wahlalter wurde für diese Abstimmung vom schottischen Parlament auf 16 Jahre festgelegt. 84,6 % beteiligten sich an dem Referendum. Mit „Nein" zur Unabhängigkeit stimmten 2.001.926 (=55,25 %), mit „Ja" 1.617.989 (=44,65 %). Noch nie war das Engagement der schottischen Bevölkerung bei Wahlen und Autonomiereferenden so groß (siehe Tab. 5.1).

Glasgow und Dundee stimmten mehrheitlich mit „Ja", was im Falle Glasgows, einer Labour-Hochburg, erstaunt; Edinburgh und Aberdeen stimmten „Nein". Die Mitgliederzahlen bei den Parteien, die die Unabhängigkeit befürwortet hatten, wuchsen dramatisch. Die SNP verzeichnete über 10.000 Neueintritte, das ist zahlenmäßig ein Drittel der bisherigen Mitgliederzahl. Die Scottish Green Party und die Scottish Socialist Party verdoppelten ihre Anhängerschaft auf jeweils über 4.000 (Dickie 2014a, S. 3). Die gesellschaftliche Mobilisierung als Folge der Referendumskampagne führte auch zu einem kreativen Umgang mit dem Abstimmungsergebnis. Einige der unterlegenen Unabhängigkeitsbefürworter fanden sich unter dem Label 45er zusammen, auch an die Erinnerung an den fehlgeschlagenen Jakobitenaufstand gegen die britische Krone 1745. Ad hoc-Gruppen wie die Radical Independence Campaign (Slogan: „Britain is for the rich, Scotland can be ours.") und National Collective, eine Gruppe von Künstlern und Kreativarbeitern, die sich für die Unabhängigkeit einsetzten, haben sich etabliert. Alle suchen nach Wegen, den Kampf für die schottische Unabhängigkeit fortzuführen. Die schottische Gesellschaft wurde durch die Referendumskampagne aufgerüttelt. Schottland wurde grundlegend verändert und erwartet auch nach dem „Nein" die versprochenen weitreichenden Änderungen in Politik und Gesellschaft. Der schottische Regierungschef und Kopf der Ja-Kampagne, Alex Salmond, kündigte seinen Rücktritt auch als Parteichef der SNP an. Dies sollte aber nicht als ein Zeichen der Resignation des Ja-Lagers missverstanden werden. Die SNP-Regierung wird auch ohne Salmond auf die versprochenen Zugeständnisse aus London beharren. Jede Relativierung oder Verzögerung hier trägt dazu bei, dass Wahlsiege der SNP bei den nächsten Unterhauswahlen 2015 bzw. bei den Wahlen in Schottland 2016 wahrscheinlicher werden.

Wenig beachtet wird, dass der Einsatz des Instruments des Referendums in Großbritannien zur Entscheidung politischer Streitfragen schon an sich einen Verfassungswandel darstellt. Nach der Logik der Parlamentssouveränität kann das Volk keine Letztentscheidungen treffen, nur das Parlament. Möglich wären also nur konsultative Referenden, also Referenden bei denen eine Stimmung eingeholt wird, dann entscheidet das Parlament. Formal bleibt es auch dabei. Aber selbstverständlich ist das Ergebnis des Schottlandreferendums für die britische Politik bindend, auch ein „Ja" zur Unabhängigkeit wäre dies gewesen. Und dies muss nicht das letzte Referendum gewesen sein, wie die kanadische Erfahrung mit Unabhängigkeitsreferenden in Québec lehrt. Zwar war auch von Seiten der SNP betont worden, dass man nur einmal im Leben die Chance erhalte, die Grundsatzfrage der Unabhängigkeit Schottlands zu entscheiden. Aber der scheidende schottische Regierungschef Alex Salmond hat zweifellos die Stimmung im Lager der Unabhängigkeitsbefürworter korrekt wiedergegeben als er sagte. „My time is nearly over, but for Scotland the campaign continues and the dream will never die." (Dickie 2014, S. 3). Nächster Anlass für ein neues Referendum könnte sein, dass das Vereinigte Königreich (ebenfalls per Referendum) entscheidet, die EU zu verlassen – die Mehrheit der schottischen Abstimmenden sich aber für den Verbleib in der EU ausspricht.

6 Die Schieflagen der britischen Staatsarchitektur

Am Morgen nach dem Referendum trat der britische Premierminister David Cameron vor die Presse und erklärte, er wolle das Versprechen, Schottland mehr Rechte zu geben, umgehend umsetzen, aber gleichzeitig ginge es darum, auch die Rechte Englands, von Wales und von Nordirland zu stärken. Er räumte damit ein, dass die Privilegierung eines Landesteils bei den Wählern in anderen Landesteilen keine Begeisterung auslösen dürfte. Schon während der Referendumskampagne haben die Engländer mit größerer Aufmerksamkeit als früher nach Schottland geschaut. In Wales wurden Forderungen nach einer Verfassungskonferenz laut. Und in Nordirland öffneten sich alte Fronten. Während die Unionisten (Protestanten) kein Verständnis für Abspaltungsversuche vom Vereinigten Königreich hatten, sah dies bei den Nationalisten (Katholiken) anders aus. Der protestantische Oranierorden marschierte sogar in Edinburgh für die Union. Die Nationalisten diskutierten die Chance für ein Referendum zum Anschluss an die Republik Irland. Die künftige Staatsform des UK ist in der Schwebe (Johnston et al. 2002). Selbst bei dem am wenigsten radikalen Schritt, dem Ausbau der legislativen Devolution in Schottland, entstehen Fragen. Der Föderalismus wird nicht nur wegen der Doktrin der Parlamentssouveränität abgelehnt, sondern auch wegen der Größenverhältnisse der föderalen Einheiten (falls England nicht unterteilt wird, wofür es aber bisher keine seriöse Unterstützung in der Bevölkerung gibt). In England leben ca. 80 % der britischen Staatsbürger. Das Modell der Home-Rule, also der weitgehenden Eigenständigkeit von Landesteilen in inneren Angelegenheiten (eine Option von der die deutschen Länder nur träumen können), würde wohl auf wenig innenpolitischen Widerstand stoßen, funktioniert aber nicht für England. England müsste

R. Sturm, *Das Schottland-Referendum,* essentials,
DOI 10.1007/978-3-658-08381-6_6

dafür ein eigenes Parlament haben, was aber das Westminster Parlament und damit die Parlamentssouveränität zur bloßen Hülle werden ließe. Hinzu kommt auch die politisch-kulturelle Schwierigkeit für Engländer, nun britisch und englisch unterscheiden zu sollen, wo doch die große Mehrheit der Engländer hier gar keinen Unterschied sieht. Die Labour Party hat vorgeschlagen, auch England zu dezentralisieren. Kompetenzen sollten an englische „city regions" abgegeben werden (Financial Times 20./21.9. 2014, S. 3).

Camerons Bemerkung am Morgen nach dem Referendum zielte vor allem auf eine alte Wahlkampfforderung der Konservativen Partei. Mit dem Rückgriff auf englische Interessen wollte er zum einen der rechten Konkurrenz der United Kingdom Independence Party und seinen rebellischen Hinterbänklern den Wind aus den Segeln nehmen und zum anderen die Labour Party herausfordern. Worum geht es? Seit den Anfängen der Devolution-Politik in den 1970er Jahren wird in Politik und Wissenschaft die sogenannte *West Lothian question* diskutiert. Der Abgeordnete für den schottischen Wahlkreis West Lothian, Tam Dalyell, hatte im Kontext der ersten Devolution-Debatte (1974–1979) immer wieder die Frage aufgeworfen, ob es denn fair sei, dass nach der Devolution zwar die schottischen Abgeordneten über alle Belange, auch die englischen, im britischen Parament gesetzgeberisch mitbestimmen dürften, während die englischen Abgeordneten von jenen schottischen Angelegenheiten, die nun in der Kompetenz des schottischen Parlaments liegen, ausgeschlossen seien. Diese Frage wird immer dringlicher, je mehr Kompetenzen – wie von London versprochen – das schottische Parlament erhält. Parteipolitisch brisant wird die West Lothian question, wenn die schottischen Stimmen in englischen Angelegenheiten Mehrheiten herstellen, die bei einer Abstimmung alleine der englischen Abgeordneten nicht vorhanden wären. Die Konservative Partei hatte sich angesichts ihrer Dominanz in England im Eigeninteresse auf eine Politik der „English votes on English laws" festgelegt. Hier hakte Cameron nach dem Referendum ein, auch um den Labourchef Ed Miliband in Verlegenheit zu bringen. Miliband wehrte sich prompt gegen ein geteiltes Unterhaus und gegen die Alternatividee eines englischen Parlaments. Offiziell tat er das mit der Begründung, die West Lothian question mit der Gewährung weiterer Rechte an das schottische Parlament zu verknüpfen, sei eine Hinhaltetaktik der britischen Regierung, um ihre Versprechen gegenüber Schottland nicht einlösen zu müssen (FAZ 22.9. 2014, S. 2).

Keine Partei hat eine überzeugende Antwort auf die West Lothian question. Koppelt man die Suche nach einer Antwort mit den versprochenen Zugeständnissen an Schottland, besteht die Gefahr großer Verzögerung, die in Schottland als Referendumsbetrug interpretiert würde. Eine Lösung für die West Lothian question könnte sein, englische Angelegenheit durch einen Ausschuss, der nur mit englischen Abgeordneten besetzt ist, prüfen zu lassen, wie dies Malcolm Rifkind, Schottlandminister in der Regierung Thatcher vorgeschlagen hat. Allerdings kann das Ausschussvotum das Parlament nicht binden, was also unerwünschte Mehrheitsverhältnisse mit Hilfe schottischer Abgeordneten nicht ausschließt. Das Gewicht schottischer Stimmen könnte auch durch die Reduktion der Zahl der schottischen Abgeordneten im Westminster Parlament gelöst werden. 2005 wurde deren Zahl mit Verweis auf die Kompetenzen des schottischen Parlaments von 72 auf 59 reduziert. Eine weitere Reduktion wäre kaum im Sinne der Labour Party. William Haig, der frühre Außenminister und Vorsitzende der Konservativen, soll einen Kabinettsausschuss der britischen Regierung leiten, der Vorschläge für eine Politik der „English votes on English laws" erarbeitet. Die Debatte über die West Lothian question ist nur ein Symptom für eine umfassendere Verfassungskrise, die durch das Schottland-Referendum vertieft wurde.

Das Vereinigte Königreich funktionierte traditionell als Einheitsstaat, der ein logischer Ausdruck der Doktrin der Parlamentssouveränität ist. Nach der Abspaltung der Republik Irland (seit 1921) war die einzige Bruchlinie, um die sich gesellschaftliche Konflikte gruppierten, „class" – also die soziale Frage. Dies galt – trotz Diskriminierung der Nationalisten in Irland – bis Ende der 1960er Jahre selbst für Nordirland. Das Zweiparteiensystem des Landes war Ausdruck dieser einen entscheidenden gesellschaftlichen Trennlinie, auch wenn die relative Stärke der etablierten Parteien in den keltischen Randregionen sich von der in England unterschied. Erst seit den 1970er Jahren und verstärkt Ende der 1990er Jahre hat die „nationale" Bruchlinie im Land Bedeutung gewonnen. Wales, Nordirland und Schottland werden Gegenstand von territorialer und Identitätspolitik. Der Landesname Vereinigtes Königreich wird nicht mehr mit dem Einheitsstaat, sondern mit dem Unionsstaat gleichgesetzt. Eine Union erfordert Gemeinsamkeit aber keine Einheitlichkeit. Damit wird das Vereinigte Königreich kompatibel mit der Idee des Vier-Nationen-Staats, der britisch ist, aber in seinen Komponenten national, also z. B. schottisch. Ebenso pragmatisch wie sich die britische Politik mit der Herausbildung der nationalen Bruchlinie im UK anfreundete, nahm sie sich auch der verfassungsrelevanten Komponenten an. Delegiert wurden immer nur so viele Rechte, wie dies der Zentralregierung erforderlich schien. Das Ergebnis war eine Ungleichbehandlung der Landesteile, also unterschiedliche Varianten von Devolution, die auch auf unterschiedliche Weise neuen Herausforderungen angepasst werden. Heute stellt sich im schottischen Fall allerdings die Frage, ob dieser Weg weitergegangen werden kann, was die britische Regierung zweifelsohne anstrebt, oder ob er ein Maß politischer Instabilität im Vereinigten Königreich erzeugt, die zu dem großen Wurf einer geschriebenen Verfassung führen wird. Letzterer würde aber völlig neue Fragen stellen, wie beispielsweise die Reform des Oberhauses, um allen britischen Nationen den Zugang zur Mitentscheidung bei britischen Parlamentsgesetzen zu ermöglichen. Alle gesamtbritischen Parteien scheuen solche Debatten, die die englischen Wählerinnen und Wähler weder mögen, noch verstehen. Zuletzt ist der damalige Premierminister Gordon Brown daran gescheitert, die Idee einer geschriebenen Verfassung für das Vereinigte Königreich zu einem populären Wahlkampfthema zu machen.

7 Das internationale Echo auf das Schottland-Referendum

Das Schottland-Referendum hat es zu einer Weltnachricht geschafft. Es fand Beachtung vor allem wegen drei Fragen:

- Wird das Vereinigte Königreich von einer Mittelmacht zu einem problematischen „Rumpfstaat"? Großbritannien ist Mitglied im UNO-Sicherheitsrat, Atommacht, führendes EU- und NATO-Mitglied und den USA kulturell, politisch und militärisch in besonderer Weise verbunden. Kann Großbritannien diese Rolle noch spielen, wenn es Schottland verliert? Damit verbanden sich auch konkretere Fragen, wie die Forderung der Ja-Kampagne nach einem atomwaffenfreien Schottland und das Rätselraten über neue Standorte für die britischen Atom U-Boote, die in einem schottischen Loch ihren Heimathafen haben. Warnungen vor einer schottischen Unabhängigkeit und ihren sicherheitspolitischen und bündnispolitischen Folgen kamen u. a. aus den USA (z. B. Senator John McCain, der frühere Weltbankpräsident Robert Zoellick und der frühere Präsident der US Bundesbank [Federal Reserve], Alan Greenspan). David Cameron hat die außenpolitischen Implikationen eines Endes des UK ignoriert. Er hatte keinen Plan B für „Little Britain". Die Erleichterung in der britischen Finanzwelt, bei Corporate Britain und den außenpolitischen Verbündeten Großbritanniens war nach dem Sieg des No-Lagers groß. Der Pfundkurs legte gegenüber Euro und Dollar kräftig zu.
- Beginnt mit dem schottischen Referendum der Siegeszug des neuen Sezessionismus in den EU-Staaten? Verglichen mit den Sezessionsbewegungen des 20. Jahrhunderts haben die heutigen Sezessionsbewegungen eigene Spezifika. Der schottische Nationalismus ist hier paradigmatisch. Auffällig ist die weitgehen-

R. Sturm, *Das Schottland-Referendum*, essentials,
DOI 10.1007/978-3-658-08381-6_7

de Gewaltfreiheit der Sezessionisten. Vor vierzig Jahren sah dies ganz anders aus. Gewaltsamer Befreiungskampf war ein Merkmal des Sezessionismus, z. B. für die ETA in Spanien, die FNLC in Korsika, die IRA in Nordirland und sogar im Schweizer Jura für die Béliers. Heute ist für den Sezessionismus das Instrument der Wahl eher die Abstimmung bei Wahlen und Referenden. Die repräsentative Demokratie wird anerkannt, die Verbindung von Separatismus und Antikapitalismus ist zerbrochen. Der Minderheitsnationalismus wird heute eher von Parteien als von politischen („Befreiungs"-)Bewegungen vertreten. Sezession findet mehr Unterstützung in wohlhabenden als in armen Regionen Europas. Die wirtschaftliche Überlebensfähigkeit der angestrebten neuen Staaten wird stärker diskutiert als das Recht auf Selbstbestimmung. Die Mitgliedschaft in internationalen Organisationen, allen voran in der EU, ist zu einem neuen Thema der Sezessionisten geworden. Die schottische Ja-Kampagne wurde in Katalonien, im Baskenland, in Flandern und Südtirol mit großer Aufmerksamkeit verfolgt. Der Sieg des Nein-Lagers hat Sezessionisten in anderen Ländern weniger beeindruckt, als die weltweite Aufmerksamkeit, einerseits, die das Schottland-Referendum gefunden hat, und anderseits die Tatsache, dass der britische Staat, ein solches Referendum zuließ, auch wenn es das Ende des bisherigen britischen Nationalstaats bedeutet hätte. In der EU wurde das Nein zu Schottland auch als Signal für den Erhalt der Einheit weiterer EU-Mitglieder wie Spanien und Belgien interpretiert. Vor allem aber wurde erleichtert wahrgenommen, dass die in ihrer Mehrheit Europa-freundlichen Schotten bei einem eventuellen Austrittsreferendum des UK 2017 noch mitstimmen können, um so doch noch den befürchteten EU-Austritt des Vereinigten Königreichs zu verhindern.

- Reiht sich das Schottland-Referendum in die zunehmende Artikulationsfähigkeit populistischer Strömungen und Parteien? Den schottischen Nationalismus auf Populismus zu reduzieren, verkennt seine historischen und gesellschaftlichen Dimensionen. Hier zeigte sich eine Neigung, auch eines Teils der britischen Presse, jegliche kritische Bewegung, die von der nationalen Politik fordert, den Bürgerwillen ernst zu nehmen, als prinzipienlose Propaganda abzutun. Genau so wenig lässt sich die Intensität der Referendumskampagne mit dem Argument, das zeige den demagogischen Charakter der direkten Demokratie, gegen Bestrebungen für mehr direkte Demokratie wenden. Schottlands Referendum wurde international durch die jeweilige nationale Brille gesehen (Verzerrungen und Vereinfachungen inbegriffen), weshalb beispielsweise in der VR China, die sich als Vorkämpfer gegen den Sezessionismus in Tibet sieht, so gut wie nichts über die Referendumskampagne berichtet wurde, während die Katalanen per Internet jeden Aspekt des Referendumswahlkampfs gespannt verfolgten.

Was Sie aus diesem Essential mitnehmen können

- Das Schottland-Referendum hat das Vereinigte Königreich verändert. Politische Stabilität ist aber erst erreicht, wenn ein neuer Verfassungskompromiss mit Schottland gefunden wird.
- Das Einpassen eines privilegierten Schottland in das Vereinigte Königreich fällt schwer. England wird als politische Einheit wichtiger.
- Parteipolitisch war das Referendum, trotz Niederlage, für die SNP und ihr Hauptthema ein Erfolg. Die „unionistischen" Parteien tun sich in Schottland weiterhin schwer.
- David Cameron machte taktische Fehler, sowohl bei seinem Beharren auf nur zwei Alternativen auf dem Stimmzettel als auch bei seiner Panikreaktion auf positive Umfrageergebnisse für die Ja-Kampagne.

R. Sturm, *Das Schottland-Referendum, essentials*,
DOI 10.1007/978-3-658-08381-6

Literatur

Bell, David, und Alex Cristie. 2007. Funding devolution: The power of money. In *Devolution and power in the United Kingdom*, Hrsg. Alan Trench, 73–85. Manchester: Manchester University Press.

Butler, David, Andrew Adonis, und Tony Travers. 1994. *Failure in British Government – The politics of the poll tax*. Oxford: Oxford University Press.

Dickie, Mure. 2014. Salmond resignation clears way for Sturgeon to take over as SNP leader and first minister. *Financial Times*, 20./21. September. (S. 3).

Dickie, Mure. 2014a. Pro-independence parties report membership surge and say fight for devolution will go on. *Financial Times*, 22. September. (S. 3).

Ganesh, Janan. 2014. Miliband will struggle to answer the english question. *Financial Times*, 23. September. (S. 11).

Johnston, Ron, Charles Pattie, und David Rossiter. 2002. Devolution and equality of representation in the United Kingdom: A constitutional mess? *The Political Quarterly* 73:158–171.

Leith, Murray Stewart. 2010. Governance and identity in a devolved Scotland. *Parliamentary Affairs* 63:286–301.

Marr, Andrew. 1992. *The battle for Scotland*. Harmondsworth: Penguin Books.

McCrone, David. 2012. Scotland out of the Union? The rise and rise of the nationalist agenda. *The Political Quarterly* 83:69–76.

Parker, George. 2014. Brown calls for ‚dignity and pride'. *Financial Times*, 18. September. (S. 3).

Ross, William. 1978. Approaching the Archangelic? In *The Scottish government yearbook 1978*, Hrsg. H. M. Drucker und M. G. Clarke, 1–20. Edinburgh: Paul Harris Publishing.

Thatcher, Margaret. 1995. *Die Erinnerungen 1925–1979*. Düsseldorf: ECON.

R. Sturm, *Das Schottland-Referendum, essentials*,
DOI 10.1007/978-3-658-08381-6

Zum Weiterlesen

Clairney, Paul, und Neil McGarvey. 2013. *Scottish politics*. 2nd edn. Basingstoke: Palgrave.

Harvie, Christopher. 2013. *Scotland the brief. A short history of a nation*. 2nd edn. Argyll: Argyll Publishing.

Mitchell, James, Lynn Bennie, und Rob Johns. 2011. *The Scottish National Party: Transition to power*. Oxford: Oxford University Press.

Sturm, Roland. 1981. *Nationalismus in Schottland und Wales. Eine Analyse seiner Ursachen und Konsequenzen*. Bochum: Brockmeyer.

Sturm, Roland. 2009. *Politik in Großbritannien*. Wiesbaden: VS Verlag für Sozialwissenschaften.